Gotas da Manhã

Editora Appris Ltda.
1.ª Edição - Copyright© 2021 dos autores
Direitos de Edição Reservados à Editora Appris Ltda.

Nenhuma parte desta obra poderá ser utilizada indevidamente, sem estar de acordo com a Lei nº 9.610/98. Se incorreções forem encontradas, serão de exclusiva responsabilidade de seus organizadores. Foi realizado o Depósito Legal na Fundação Biblioteca Nacional, de acordo com as Leis nos 10.994, de 14/12/2004, e 12.192, de 14/01/2010.

Catalogação na Fonte
Elaborado por: Josefina A. S. Guedes
Bibliotecária CRB 9/870

F992g
2021
	Furtuozo, Luciara
	   Gotas da Manhã / Luciara Furtuozo. - 1. ed. - Curitiba : Appris, 2021.
	   81 p. ; 21 cm.
	
	   Inclui bibliografia.
	   ISBN 978-65-250-0237-8
	
	   1. Ficção brasileira – Miscelâneas. I. Título. II. Série.
	
	                                                                             CDD – 809.98

Appris
editora

Editora e Livraria Appris Ltda.
Av. Manoel Ribas, 2265 – Mercês
Curitiba/PR – CEP: 80810-002
Tel. (41) 3156 - 4731
www.editoraappris.com.br

Printed in Brazil
Impresso no Brasil

Luciara Furtuozo

Gotas da Manhã

FICHA TÉCNICA

EDITORIAL	Augusto V. de A. Coelho
	Marli Caetano
	Sara C. de Andrade Coelho
COMITÊ EDITORIAL	Andréa Barbosa Gouveia (UFPR)
	Jacques de Lima Ferreira (UP)
	Marilda Aparecida Behrens (PUCPR)
	Ana El Achkar (UNIVERSO/RJ)
	Conrado Moreira Mendes (PUC-MG)
	Eliete Correia dos Santos (UEPB)
	Fabiano Santos (UERJ/IESP)
	Francinete Fernandes de Sousa (UEPB)
	Francisco Carlos Duarte (PUCPR)
	Francisco de Assis (Fiam-Faam, SP, Brasil)
	Juliana Reichert Assunção Tonelli (UEL)
	Maria Aparecida Barbosa (USP)
	Maria Helena Zamora (PUC-Rio)
	Maria Margarida de Andrade (Umack)
	Roque Ismael da Costa Güllich (UFFS)
	Toni Reis (UFPR)
	Valdomiro de Oliveira (UFPR)
	Valério Brusamolin (IFPR)
ASSESSORIA EDITORIAL	Natalia Mendes
REVISÃO	Andrea Bassoto Gatto
PRODUÇÃO EDITORIAL	Jhonny Reis
DIAGRAMAÇÃO	Daniela Baumguertner
CAPA	Amy Maitland
COMUNICAÇÃO	Carlos Eduardo Pereira
	Débora Nazário
	Kananda Ferreira
	Karla Pipolo Olegário
LIVRARIAS E EVENTOS	Estevão Misael
GERÊNCIA DE FINANÇAS	Selma Maria Fernandes do Valle
COORDENADORA COMERCIAL	Silvana Vicente

Muitas vezes, para realizar sonhos, precisamos ser impulsionados por palavras incentivadoras. A vocês que primeiro me chamaram de "escritora favorita", dedico a realização deste sonho: Clemilda Borges (in memoriam), *Juliana Brito e Kátia Tannus.*

Agradecimentos

Neste momento de alegria e realização de um sonho, quero render graças ao bom Deus, por me permitir realizar um desejo que vivia guardado dentro dos meus pensamentos e que, agora, posso contemplar com gratidão essa concretização. Por isso quero agradecer ao meu Gu, filho amado, aquele que alegra meus dias e o meu viver; ao Marcos, meu companheiro de estrada e alicerce que me dá segurança para seguir sempre frente; aos meus familiares e amigos, em especial à Adriana, à Deyse e ao Saú, por serem impulsos que me fortalecem sempre que penso em desistir, mãos que se entrelaçam às minhas e me ajudam a escrever um pedaço da minha história.

Escrever e ler são formas de fazer amor. O escritor não escreve com intenções didático-pedagógicas. Ele escreve para produzir prazer. Para fazer amor. Escrever e ler são formas de fazer amor. É por isso que os amores pobres em literatura ou são de vida curta ou são de vida longa e tediosa.

(Rubem Alves)

Prefácio

Uma brisa diária de sedução

Gotas da manhã, de Luciara Furtuozo, é um bafejar refrescante de brisa, ânimo e luz. É um convite a quem queira aventurar-se e, ao mesmo tempo, fazer um mundo de solidariedade, amor e perdão. O livro comove, incita à criação, convoca para a vida e para a proximidade. Oferece-se como presente e agradecimento diários.

A propriedade do título demonstra o caráter do livro. Ele se mostra como gotas irradiantes de energia e de luz, que nos despertam para buscar a ligação com Deus e com as pessoas que vivem o cotidiano apressado, solitário e cheio de problemas. Cada página do livro, como uma pequena oração, conecta Deus em nós e abre um caminho de otimismo para seguirmos com a vida e para renová-la. A leitura, a qualquer hora, das palavras de Luciara Furtuozo, abre uma trilha iluminada para onde podemos, queremos e precisamos ir.

Apropriadas para o nosso tempo, estas *Gotas da manhã* também podem funcionar como uma reação ao modo de viver acachapante da atualidade. Este livro oferece palavras breves, que se ajustam à rapidez do nosso dia a dia. São palavras bordadas com a delicadeza de uma gota de orvalho, mas, também, são palavras intensas, forjadas e portadoras da força da palavra criadora. Cada palavra contém um mar de amor que explode a cada leitura e carrega uma demanda de liberdade.

O livro provoca-nos a escolher qualquer página a cada manhã de cada dia do ano e, feita essa escolha, faz-nos querer abrir brechas para viver de modo pleno, para viver a felicidade.

Valéria Lessa Mota
Mestre em Literatura e professora da Universidade Estadual do Sudoeste da Bahia (UESB)

Sumário

CAPÍTULO I
PARA TODOS OS DIAS 15

CAPÍTULO II
DIA DO AFETO, DOMINGO 23

CAPÍTULO III
E AS SEGUNDAS-FEIRAS 29

CAPÍTULO IV
TERÇA-FEIRA 41

CAPÍTULO V
QUARTA-FEIRA 47

CAPÍTULO VI
QUINTA-FEIRA 53

CAPÍTULO VII
SEXTA-FEIRA 59

CAPÍTULO VIII
SÁBADO 67

CAPÍTULO IX
DIA FESTIVOS, DE ALEGRIA, DE REFLEXÃO E SAUDADE 73

Capítulo I

Para todos os dias

Para que as luzes do outro sejam percebidas por mim devo por bem apagar as minhas, no sentido de me tornar disponível para o outro.

(Mia Couto)

Luz no caminhar, perfume das flores pela estrada, paciência com a vida, amor para compartilhar, vinho para celebrar, música para acalmar, Deus para nos proteger, caminhadas para alongar a vida, amizades para dividir, somar e multiplicar momentos, família para alicerçar e abraços afetuosos para nos conectar infinitamente.

Que os raios de sol que iluminam o dia, aquecem as nossas casas, também irradiem sua luz em nosso viver, esquentando nossa alma e brilhando no caminho que temos a seguir. Um dia maravilhoso, cheio de luz, paz, esperança e respeito. Que o Espírito Santo abrasador acolha nossas súplicas e nos conceda dias de vitórias.

Bom dia. De mãos dadas vamos vencendo os obstáculos do cotidiano. A corrente humana é muito mais forte que as intempéries da vida. Seja solidário, compartilhe a vida com o outro e tudo ficará mais fácil de ser resolvido e vivenciado. Que Deus nos abençoe e nos conceda o dom da solidariedade.

Bom dia. Nasce um novo dia, uma nova história a ser construída e vivenciada, novos desafios a serem vencidos. Que o amor, o respeito, a reciprocidade, a alegria, a responsabilidade e o compromisso com os pares estejam presentes nessa nova jornada. Que Jesus nos abençoe, fortaleça-nos e guie-nos no caminho da vida. Que a felicidade bata a nossa porta e faça morada. Jesus nos proteja e derrame bênçãos infinitas sobre nossa vida.

Bom dia, bom dia e bom dia! Primeiro dia de novembro, ainda dá tempo de fazer muita coisa, aquela dieta, estudar para aquele concurso, aquele filho, aprender a perdoar, desfazer-se de algumas manias bobas, amar, amar e amar. Deixar esse cabelo crescer, dizer que ama uma pessoa muito especial, fazer aquele trabalho voluntário, pedir sua aposentadoria, adotar aquele filhote, casar, plantar flores no jardim, solicitar transferência para trabalhar em outra cidade. Ficar perto de quem se ama, abrir um novo negócio, reatar com aquela pessoa que faz você viajar no tempo, deixar algumas malas que estão pesadas no meio do caminho... Acho que você sabe o que ainda precisa fazer para apaziguar sua alma e seu coração, para fazer seus olhos brilharem, chorar de felicidade... Ser feliz! Aproveite, ainda há tempo! Que Jesus, filho amado do Pai, guie-nos, conceda-nos sabedoria para escolher o que é fulcral, livre-nos dos olhos maldosos e nos abençoe. *Cheirinho de búfala*[1].

---

[1] "Cheiro de búfala" é uma expressão que significa um "cheiro no pescoço", é uma forma de fazer carinho, um afago na alma. Faz referência ao "cheiro no cangote" e "cafungada no pescoço", expressões comumente usadas no Nordeste brasileiro.

Bom dia. Para hoje, desejo paz, compreensão, reciprocidade e afetividade. Que Deus nos abençoe e nos fortaleça.

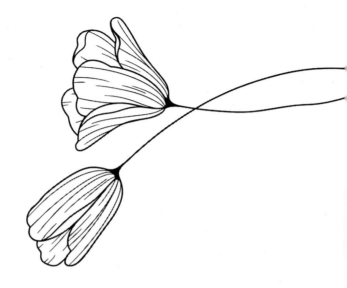

Capítulo II

Dia do afeto, domingo

*Nenhum desejo neste domingo
nenhum problema nesta vida
o mundo parou de repente
os homens ficaram calados
domingo sem fim nem começo.*

(Carlos Drummond de Andrade)

Bom dia, domingo, seu lindo. Seja bem-vindo! Vamos celebrar a vida, agradecer por todos os acontecimentos, por todas as pessoas que têm compartilhado a vida conosco e entregar esta semana que se inicia nas mãos do Pai. Que seja uma semana abençoada, tranquila, com nossa energia renovada e bastante produtiva. Jesus nos guie na nossa caminhada diária e nos proteja de todos os males.

Bom dia, domingão. Enquanto adultos, muitas vezes, vivemos entre a razão e a emoção. A razão, na maioria das vezes, ganha nessa queda de braço, porque nossa condição humana faz com nossas decisões sejam tomadas com o raciocínio, e não com o coração, logo, acabamos sofrendo perdas irrecuperáveis, pois a felicidade está do lado da emoção. Já parou para observar o quanto as crianças são felizes, realizam-se? Já? Pois é, elas se deixam levar por seus sonhos, escolhem a melhor parte, o que é simples, importante, o que faz os olhos brilharem e o coração "sair pela boca" de tanto contentamento. Por isso, vamos seguir o exemplo delas, vamos escolher o que é essencial, a felicidade. Um cheiro de amor de Deus na sua vida, que o Espírito Santo ilumine o seu caminho e lhe guie nas melhores escolhas.

Bom dia. Domingo com tudo de bom que temos direito, principalmente, amor, convívio com a família e presença do Altíssimo. Que Deus nos abençoe e nos conduza no caminho da vida.

Domingou! Vamos aproveitar o dia, ser feliz, fazer aquela visita na casa dos pais para matar a saudade dos dengos e chamegos, convidar um(a) amigo(a) para aquele dedo de prosa, fazer a leitura daquele livro que tanto queremos, orar e agradecer ao bom Deus por tudo que nos tem acontecido. Tomar aquele cafezinho ao lado da pessoa amada, brincar com o filho, neto, sobrinha, afilhada, fazer algo que acalme nossos corações, que nos faça feliz e tranquilize a nossa alma, pois a vida é uma linha tênue, precisamos viver. Que Deus nos abençoe e nos conduza pelo caminho do amor, da felicidade. Cheirinho do amor de Deus na sua vida e muita luz.

Bom dia. Neste domingo, oh Jesus, entregamos-lhe toda nossa vida. Abençoa-nos, conduza-nos a viver com tranquilidade e paz. Cuida da nossa família, dos nossos amigos e dos que têm sentimentos não muito nobres por nossa pessoa. Livre-nos de todos os males, principalmente aqueles que corrompem o nosso coração e põem em risco a dignidade do próximo.

Capítulo III

E as segundas-feiras

Segunda-feira é mais difícil porque é sempre a tentativa do começo de vida nova. Façamos cada domingo de noite um réveillon modesto, pois se meia-noite de domingo não é começo de Ano Novo, é começo de semana nova, o que significa fazer planos e fabricar sonhos.

(Clarice Lispector)

Bom dia. Segunda-feira com cara de quarta-feira de cinzas, seca moral para muitos. Há uma necessidade urgente de modificações. Já percebemos algumas transformações tímidas e outras, esdrúxulas. Há pessoas, literalmente, apagando fogo com gasolina; outras sem rumo, sem saber por onde começar ou como terminar um ciclo. Confusão total, mas "verde, amarela, azul e branca" fazem parte da nossa nação e pertencem a cada cidadão e não simplesmente uma representação de ideias e ideais. "Vamos que vamos!", como dizia uma amiga: momento de vigiar e orar por todos nós, brasileiros.

Bom dia, segunda-feira, sua linda. Paz e bem, que nosso dia seja cheio de coisinhas boas, desde um cheiro no cangote, um chocolate meio amargo, uma água refrescante, um café quentinho, uma banana frita com a tapioca torradinha, um livro que lhe faça viajar por lugares inimagináveis, um abraço bem apertado, tipo de urso, um "Eu te amo" do(a) nosso(a) filho(a), um sorrisão de "seja bem-vinda"... Bênçãos vindas do Pai, proteção, muito amor e respeito. Que Deus nos conceda um dia maravilhoso e cheio da presença do Santo Espírito.

Bom dia. A vida é breve, mas pode se tornar eterna. Basta fazermos as coisas certas e nossas ações ficarão eternamente guardadas na história e na vida de outras pessoas. Que Deus nos conduza ao caminho da felicidade, do amor e da paz. Viva a vida! Viva a segunda-feira!

Bom dia, segunda-feira. Que a paz esteja presente no meio de nós e que as bênçãos de Deus recaiam sobre nossas vidas. Uma ótima semana e muita luz no nosso caminho.

Bom dia, segunda-feira. Que nossa vida seja invadida por benefícios, acontecimentos que nos façam felizes, sentimentos que pacificam nossa alma e nos tragam positividade. Tudo dará certo, nossas lutas não são em vão. Que Deus, em Sua infinita bondade, conceda-nos um dia de alegria, satisfação com o que é simples, sereno e traz paz.

Bom dia. Vamos com fé, com esperança, com coragem, com gratidão, com paz, com amor e com respeito, tudo isso para enfrentar qualquer situação que nos seja apresentada na vida. Que Jesus, pai da misericórdia, seja nosso guia, nosso amparo e nossa fortaleza. Um abraço bem apertado e meu desejo de felicidade para você e toda sua família, muita paz e muita luz.

Bom dia. Uma semana de tranquilidade, produtividade, leveza, esperança, afetividade, respeito, generosidade e muitas bênçãos. Uma segunda cheia de gratidão.

Bom dia. Nesta segunda-feira, vamos fazer um juramento, não do dedinho, pois esse é muito pessoal, mas um pacto e um combinado: mesmo que caia uma torrente sobre nós, seremos gratos ao Deus da vida. Sabe por quê? Porque nada na nossa vida é um acaso, tudo é providencial. Mesmo quando não aceitamos, não acreditamos, há uma razão para tudo que acontece. Gratidão por tudo, principalmente, por você compartilhar comigo pedacinhos dos seus dias. Que Deus nos abençoe, proteja-nos e nos fortaleça para suportar o que nossa condição humana não é capaz de compreender. Um abraço bem apertado.

Bom dia. Que Deus abençoe nosso dia e que sejamos, mais uma vez, gratos pelo dom da vida, pelo recomeço, pela chuva que molha a terra, pelo sol que ilumina nosso dia e enche nosso povo de esperança. Bem-vinda, segunda-feira da alegria!

Bom dia. Que a paz do Espírito Santo consolador esteja sobre nós, ajudando-nos a viver dias melhores, de amor e tranquilidade.

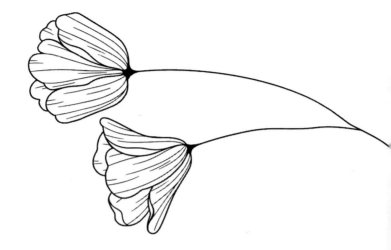

Capítulo IV

Terça-feira

Podemos prometer atos, mas não podemos prometer sentimentos.
Atos são pássaros engaiolados.
Sentimentos são pássaros em voo.

(Rubem Alves)

Bom dia, terça-feira. A vida é breve e curta, por isso precisamos aproveitá-la intensamente, cada momento. Temos o prazer de viver com as pessoas que nos são bem-quistas, compartilhar momentos de alegria, de tristeza, de gratidão, de dor, de amor. Esses instantes são únicos e nos constituem enquanto pessoas. Que neste dia de celebração da vida possamos viver cada segundo como se fosse o último, pois ele é único. Que Jesus, pai da misericórdia, abençoe-nos, guarde-nos, proteja-nos e guie-nos a cada segundo deste dia.

Bom dia, terça-feira. Que as bênçãos de Deus recaiam sobre nossas vidas – saúde, paz, harmonia, reciprocidade e generosidade.

Bom dia. Uma terça de alegria e louvores ao supremo Deus, que é misericordioso, ouve os nossos clamores e realiza nossos sonhos e desejos. Olhe para frente, acredite e não desanime, pois a graça de Deus não tarda, ela chega no momento certo. Às vezes, pensamos que a carga é pesada e não vamos aguentar, mas a suportamos sim, porque somos sustentados por Deus, que é Pai, misericordioso, e nos ajuda a vencer as batalhas diárias. Seja forte e creia, pois a promessa Dele também vai acontecer. Um abraço forte, carregado de positividade e afetividade.

Bom dia. Quantas vezes precisamos refazer o caminho para podermos nos reencontrar com o nosso eu? Às vezes, ficamos tão conectados com os outros que nos distanciamos de nossa própria essência, das nossas verdades e convicções, para nos adaptarmos às conveniências alheias, para sermos aceitos em um determinado grupo social ou por uma determinada pessoa ou situação. Vale esse sacrifício? Só você pode responder, porém, de antemão, vale ressaltar que quando não podemos ser nós mesmos e precisamos usar uma capa para mascarar um eu inexistente, não estamos sendo verdadeiros, estamos causando mal ao nosso ser e ferindo a nossa alma. Que nesta terça Jesus nos ilumine e nos fortaleça para sermos nós mesmos nas diversas situações da vida, que nossa essência prevaleça às nossas aparências.

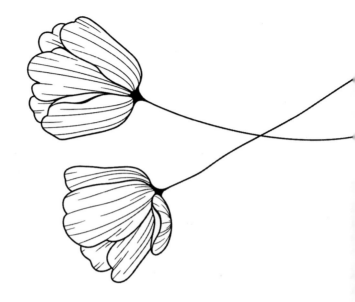

Capítulo V

Quarta-feira

O correr da vida embrulha tudo.
A vida é assim: esquenta e esfria, aperta e daí afrouxa, sossega e depois desinquieta.
O que ela quer da gente é coragem.

(Guimarães Rosa)

Seja bem-vinda, quarta-feira. Que o Espírito Santo restaurador nos ilumine e nos guie pelas estradas da vida. Que sejamos brisa onde a tempestade insiste em se instaurar.

Bom dia, quarta-feira. Neste dia de graça, gratidão ao Pai pela dádiva de viver um novo dia, pois a cada amanhecer temos a oportunidade de reescrever tudo. Que Jesus nos conceda o olhar apurado para percebermos os detalhes simples do saber viver e conviver, que Ele nos abençoe, proteja-nos e nos guarde.

Bom dia, quarta-feira. Para este momento, coragem para enfrentar as dificuldades, sabedoria para poder agir e paciência para esperar o tempo certo. Que Deus nos abençoe e nos capacite para melhorarmos a cada dia.

Bom dia. Quando é que o que pensamos que é bom é melhor do que bom? Acredito que isso acontece quando observamos as situações com o coração puro, com simplicidade, com pureza, com o olhar de criança, pois as crianças têm o dom de selecionar o essencial para viver. Que nesta quarta-feira Deus nos guie a viver com o que é primordial, assim como os pequeninos fazem. Um beijo de brigadeiro.

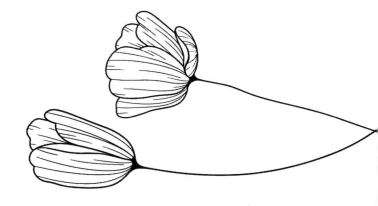

Capítulo VI

Quinta-feira

*Não seja o de hoje.
Não suspires por ontens...
Não queiras ser o de amanhã.
Faze-te sem limites no tempo.*

(Cecília Meireles)

Bom dia. Quinta-feira, seja bem-vinda! Que Deus nos abençoe e nos conceda um dia de alegria e de vitórias.

Bom dia. Gratidão ao bom Deus por tudo, inclusive pelo que achamos que tira a nossa paz, pois sempre temos algo para aprender. Que Deus nos abençoe, ensine-nos a sermos gratos e que nossa quinta seja de "sois".

Bom dia, quinta-feira. Nunca é tarde para desejarmos coisas boas para as pessoas que nos são raras. Meu dia começou bem cedinho, mas estava cinzento, pois as dores que insistem em ser minhas companheiras diárias estavam mais acentuadas e agressivas, porém estou de volta, porque eu sou muito mais forte que as dores, muito mais forte que a Fibromialgia, e irei sempre resistir. Desejo um dia tranquilo, florido, com cheiro de amor, com sabor da alegria de viver. Que Deus nos abençoe e nos fortaleça para combater e subsistir a qualquer coisa que nos fere o corpo e alma.

Bom dia. Às vezes, fazemos uma escolha e passamos a trilhar o caminho escolhido. É o que queremos, mas para fazer essa nova caminhada precisamos nos desapegar de algumas coisas, de alguns lugares, de algumas lembranças afetivas e até mesmo de algumas pessoas que foram de extrema importância para nós ou que vivenciaram conosco os melhores ou os piores momentos da nossa vida. Uma borracha não apaga o passado de forma mágica. Ocasionalmente, essa memória vai conosco para sempre. Não podemos voltar e fazer diferente, porém temos a possibilidade de começar diferente, agir com o outro como gostaríamos que o outro agisse conosco. Aproveite, seja diferente, recomece de forma nova, não cometa os mesmos erros do passado, caso contrário não conseguirá apagar da lembrança momentos conturbados, muito menos construir uma nova história e outras memórias afetivas. Joguemo-nos à vida sem redes para amparar nossa felicidade, sejamos fiéis aos sentimentos íntimos. Tudo é tão simples, para que complicar? O bom da vida é viver. Que Deus nos abençoe, guie-nos na caminhada e nos proteja de nossos sentimos mesquinhos egoístas. Um cheiro de búfala para nos despertar e alegrar ainda mais nossa quinta-feira.

Bom dia. Quinta-feira, sua linda, seja bem-vinda! Que neste dia possamos nos concentrar e gastar nossas energias com o que realmente é valioso. Para que gastar tempo com besteirinhas que não nos levarão a lugar algum? Para que discutir sobre algo que pode ter várias verdades? Para que chorar pelo leite derramado? O momento é de limpar o chão e ressignificar a vida. Há tanta coisa boa para aproveitarmos, inclusive nos aproveitarmos enquanto pessoas. Você é, sim, a pessoa mais interessante que você conhece. Ame-se, respeite-se, assim poderá ter uma vida melhor com seus(suas) parceiros(as). Primeiro, gaste seu tempo com você, depois com os outros. Quem disse que não podemos ser felizes sozinhos? NÃO? Então é difícil sermos felizes acompanhados, só acho. Que a paz de Deus invada o seu ser e seu coração exploda de alegria. Cheirinho de amor para você.

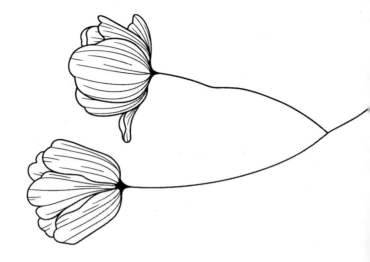

Capítulo VII

Sexta-feira

Quando se vê, já são seis horas!
Quando se vê, já é sexta-feira!
Quando se vê, já é natal...

(Mario Quintana)

Sexta chegou e neste dia de celebração do viver agradecemos ao Pai Redentor pelo dom de cantar, de sorrir, de chorar, de amar, de cair, de levantar, de proteger, de trabalhar, de ser mãe, pai, filho... Simplesmente, pelo dom de viver.

Bom dia. Sexta-feira mais que especial, pois é Dia das Crianças, dia de celebrar a vida dos pequeninos, cultivar a alegria, a forma simples de ser gente, sem preconceitos e sem ira. As crianças sabem amar sem medida, perdoam facilmente e são puras de coração. Segundo a palavra de Deus no evangelho de Mateus, 19:14: "Deixem vir a mim as crianças e não as impeçam, pois o Reino dos céus pertence aos que são semelhantes a elas". Que possamos reaprender a ser e a agir como as crianças. Que Deus, em Sua infinita bondade, conceda-nos um coração sem máculas, cheio de alegria, desprendido do ódio, do rancor e repleto de afetos.

Bom dia. Hoje é sexta-feira, quero uma cerveja... Não, eu não quero uma "breja", como dizem por aí. Quero a sorte de uma vida tranquila, não sem obstáculos, pois sabemos que isso é surreal, mas com serenidade para enfrentar as dificuldades. Quero paz, beijar na boca, ser feliz e mais nada. Viva as sextas de alegria, de festa, de gratidão, de oração, amor e sossego. Que Deus nos proteja, guie-nos e nos conceda dias tranquilos.

Bom dia, sexta-feira. Agradecida ao Pai da Providência por tudo, principalmente por ser mãe de um menino que irradia luz na minha vida. Que Deus nos abençoe, guarde-nos e nos conceda vermos o mundo com os olhos de uma criança e sermos fiéis como elas são. Gratidão!

Bom dia. Hoje é sexta-feira, minha gente! Despeça-se desta semana com gratidão, com alegria e esperança de que dias melhores virão. Que Deus continue nos abençoando, fortalecendo-nos em nossas lutas diárias e nos conduzindo no caminho do amor e da fraternidade. Beijinhos luminosos e um abraço bem apertado.

Bom dia. Vamos vivenciar o dia de hoje de forma agradável, gratos e reverenciando ao Criador pela graça de estarmos aqui, mesmo que com lutas, com dores, com tristeza. Estamos aqui e só isso já é motivo de reconhecimentos infinitos. Uma sexta-feira de agradecimentos e um abraço bem apertado, para que minhas energias positivas acendam em vocês "vibes" positivas e vice-versa.

Capítulo VIII

Sábado

Acho que sábado é a rosa da semana.

(Clarice Lispector)

Bom dia. Bom dia com alegria, com gratidão e muita esperança de dias melhores. Vamos pensar positivo e agir positivamente diante dos obstáculos que temos de enfrentar todos os dias. Que Deus nos conceda a fortaleza das rochas e a delicadeza das flores para que saibamos comportar sem sermos fracos e não termos nosso coração endurecido. Que Ele nos proteja e nos livre de todos os males. Um sopro do amor de Deus em nossas vidas e bom sábado!

Bom dia. Um sábado de amor e paz, respeito e cumplicidade, resenhas e risadas, bênçãos e louvores, proteção e amor divino para nos guiarem no caminho da vida.

Bom dia, sábado. Que sejamos felizes, que a esperança seja a nossa companheira constante e que Deus seja nosso guia e nos livre de todos os males.

Bom dia. Que sábado lindo nos preparou o Senhor Deus! O dia está ensolarado e brilhante, aquecendo o nosso corpo e enchendo-nos de vida e esperança. Que Deus nos conceda viver e referenciar a dádiva de acordar a cada amanhecer e ter o prazer de presenciar as belezas da natureza. Um ótimo sábado e muita luz no nosso caminhar.

Bom dia. O sol lá fora está tão quente, tão lindo, iluminando o dia, aquecendo nossas vidas, sorrindo com um riso de canto a canto... Desejo que você também aqueça, ilumine e ria para o próximo, igual ao Sol. Seja luz, seja vida na vida do outro. Que Deus nos abençoe e nos guie para clarear a vida dos nossos pares neste sábado de luz.

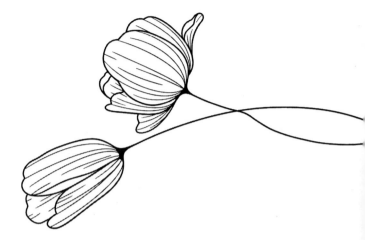

Capítulo IX

Dia festivos, de alegria, de reflexão e saudade

Aprendi que são os pequenos acontecimentos diários que tornam a vida espetacular.

(William Shakespeare)

Bom dia. Dia efervescente, muito burburinho por conta da eleição. Vamos respeitar a opinião alheia, esse é um processo democrático e não simplesmente uma partida de futebol. Vamos escolher a pessoa para o cargo mais importante de um país, um cidadão que possa nos conduzir enquanto nação. Que Deus nos abençoe e nos guie na melhor escolha.

Bom dia. Imensamente agradecida a Deus pelas pessoas que passaram por minha vida e deixaram marcas de amor: meus pais, Zé, Patuca e Biziu, madrinha Silva, titia, meu compadre Enton, meu amigo Eloy, tio Mané, entre outras. A saudade vem e volta, mas sei que estão descansando, pois foram pessoas ímpares enquanto aqui estiveram e deixaram marcado em mim o símbolo da fraternidade. Que Deus nos abençoe e nos conceda viver por muitos anos, sendo autênticos, amorosos e fraternos.

Bom dia. Um ótimo dia para você! Aqueles nós que lhe atrapalham vão ser desatados. Eu sei que, às vezes, parece que tudo dá errado, que todos os caminhos nos levam para longe dos nossos sonhos. Mas tenha calma, aguente mais um pouco, acredite, pois sua promessa está chegando. Tudo no tempo de Deus. Você só precisa acreditar e ter fé. Que Deus nos conceda paciência para esperar, fortaleza para suportar os desafios e fé para nos sustentar nesta caminhada.

Bom dia. Liberdade, liberdade, liberdade... Estamos em um momento complicado para falar em liberdade, porque, para haver liberdade, há a necessidade de que haja respeito, principalmente às ideias diferentes das nossas. Hoje, as verdades são absolutas, ninguém quer se colocar no lugar do outro, ver as coisas de outro prisma. Com isso imperam a intolerância, a falta de respeito, a falta de reciprocidade, e perdemos enquanto cidadãos brasileiros. Vamos rever nosso passado para ver se nos reconstruímos como comunidade. Viva a República do Brasil, povo, nação! Que as bênçãos do Senhor Deus recaiam sobre nossas vidas e de toda nossa família.

Bom dia. É hoje o dia da grande liquidação que movimenta milhões no comércio. As pessoas ficam ameaçadoras, querendo comprar. Muitas são enganadas, outras compram o que não precisam e ainda há as que compram o que não podem. Vamos fazer um Black Friday diferente, fazer outro tipo de liquidação. Não vamos comprar, muito menos vender. Simplesmente, vamos liquidar o que não presta, jogar aos ares o rancor, a falta de compaixão, o preconceito, a ingratidão, a falta de respeito, a trapaça, o querer ser melhor do que outro, a língua solta, a mentira, a fofoca, o olho grande, a insensatez... e muitas outras coisas que nos fazem mal. Vamos aproveitar a limpeza geral dessa liquidação e construir um lugar melhor para mim, para você, para nós, porque o que nos sustenta não são os objetos, o que nos faz feliz não são os nossos bens, mas o que somos, quem amamos, a espiritualidade, a nossa fé, as nossas relações afetivas... O AMOR. Que Deus nos abençoe, fortaleça-nos e nos guie pelo caminho da retidão e do amor. Chuvas de alegria sobre nós e meu desejo de felicidade plena a todos.

Bom dia, bom dia, pessoa linda do meu coração. E novembro chega a sua última semana. Momento de reflexão, de agradecimentos e também de corrermos para realizar o desejo que nos prometemos, nos esforçarmos a focar naquilo que era nossa prioridade neste ano. Relaxamos durante o percurso e o ano está chegando ao fim, mas se não der tempo de concretizarmos nossos sonhos, que, pelo menos, joguemos a semente e a cultivemos com esforço, perseverança e amor, e os frutos, com certeza, brotarão no próximo ano. Mas comece já. Que Jesus nos guarde, abençoe-nos e nos guie na realização dos nossos sonhos.

Bom dia. Primeira semana de dezembro, trinta dias para o término do ano, e aí? O que você realizou neste ano que está acabando? O que vai carregar para o resto da sua vida? Arrepende-se de algo? O que ainda dá tempo de fazer? Que semente ainda vai semear para florear no próximo ano? Perdoou? Pediu perdão? Foi feliz e levou alegria para seus pares? São muitas indagações e só você pode dar as respostas. Aproveite sua semana, seus trinta dias que faltam, e faça acontecer. Seja feliz, ame-se infinitamente, assim, será capaz de amar o outro. Que Deus nos abençoe, proteja-nos e nos conduza ao caminho da felicidade. Uma chuva de beijinhos de luz.

Bom dia. Ressaca de gratidão ao bom Deus por me permitir ser mãe, coisa valiosa e grandiosa de ser e viver. Imensamente grata.